○《まる》づけ子育て

親子のキズナを深めるココロとコトバ

七田チャイルドアカデミー
○づけ子育て専任アドバイザー
田口 圭二

創芸社

第１章からは、
「〇づけ」子育てを実践している
リカちゃんファミリーの様子を
織り交ぜながら
解説していきましょう！

第3章

子どもの才能を開花させる「○づけ」魔法のコトバ

第4章

よくある子育てSOS! こんなときどうする!?

第5章

夢を叶える「〇づけ目標設定」

はじめに

私どもは、創始者・七田眞の「子どもはみな天才」という理論に基づき、28年の実績をもつ幼児教室「七田チャイルドアカデミー」を全国に展開しております。

七田チャイルドアカデミーは、赤ちゃんから小学生の子どもを対象に、一生涯を通じて、持てる才能を限りなく発揮するためのココロの教育を基本にしています。また、イメージ、感性、創造の右脳の力を、表現する左脳の力に繋ぐレッスンも同時に行っております。

現在、全国450教室を展開、生徒数3万人、巣立った卒業生が延べ25万人にものぼり、スポーツ、芸術、語学など多彩な分野で才能を発揮しております。

さて、皆さまがはじめてお子さまを授かったとき、お子さまをどのように育てればいいのか、どう接したらいいのか、しつけをどうしたらいいのか、いろいろと考えられたことと思います。
実は、子育てはコツを知れば非常にカンタンなものなのです。

人は誰でも、ココロの奥底では無意識に「認められたい、褒められたい、愛されたい」という願望を持っています。その願望を満たしてあげると、どんな子でも、思いやりがあり、かつ高い志で頑張ることの出来る、素晴らしい人へと育っていくのです。

しかしながら現実は、ご両親や周りの大人が子どもに愛情を伝える方法、上手にコミュニケーションを取る方法を知らないことで、子育てに問題を生じているというケースがよくあります。

では、どうやって愛情を伝えたらいいのでしょうか？　どうやって上手にコミュニケーションを取ればいいのでしょうか？　理屈は分かっていても、いざ実践となると難しいものですね。

そこで、皆さまに紹介したい素晴らしい実践方法が、田口圭二さんが提唱されている「○《まる》づけ」子育てという方法です。

田口圭二さんは、七田チャイルドアカデミー発足当初から、福岡、熊本で4つの教室を開講されてきました。七田理論を熱心に学ばれ、実践され、実績をあげてこられた方です。

その長年の経験を元に研究され、つくり上げられた素晴らしい子育て方法が「○づけ」子育てです。育児だけではなく、大人同士、お仕事にも活用出来る、万能なノウハウだと思います。

子どもたちはどの子も素晴らしい才能を持って生まれてきます。

ご両親や、周りの大人が子どもたちを大切に思い、愛を伝え、よく見てあげることで、それらの才能をきっと開花させることが出来るでしょう。

ぜひ、「〇づけ」子育てを実践していただき、お子さまとの良い関係を築き、お子さまの才能を上手に伸ばし、楽しい子育てをしていただけたらと心から願っております。

代表取締役社長　藤山守重
株式会社七田チャイルドアカデミー
2015年　11月

第1章

子育ての悩みが解決する「○づけ」子育てとは？

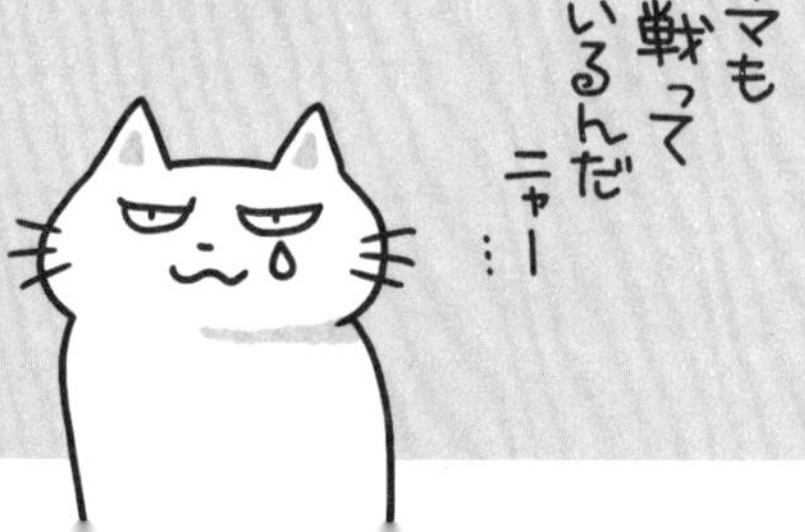

「◯づけ」のココロはありのままを受け止める

「◯づけ」とは、カウンセリングのエッセンスを利用して、親子関係をまるく円滑にする、新しいコミュニケーション法です。

カウンセリングというと難しく感じるかもしれませんが、とてもシンプルで特別な技術は必要なし！

子育てに忙しいお母さんでもすぐに習得することが出来ます。

そんな「◯づけ」をズバリ一言でいうと、子どものコトバや考え、行動のすべてに「◯をつけて」認めることです。

ただ、この◯は、「正解」とか、「合っている」という意味ではありません。

それよりも、「共感」や「受容」、もしくはもっとソフトなニュアンスで、「受け止める」といった意味に近いでしょう。

例えば、お子さんが「3足す4は8！」と言ったとします。当然、これは正解ではありませんよね？　普通なら「惜しい！」とか「ブー！」など不正解を表すコトバをかけることが多いと思います。

それが「○づけ」の場合、「3＋4＝8」が合っているか間違っているかの前に、お子さんが自ら考えて答えを出したことや、算数に取り組んだことなど、「3＋4＝8」が導き出される過程自体を「○」として認め、まず「○」を表現するのです。

「なるほど！　すごいなぁ、よく考えたなぁ」

といった具合です。

もちろん、子どもがきちんと正解を出すことが出来るまで手伝っていきますが、「間違っている」という表現は避けます。「〇づけ」子育てでは、いいか悪いか、合っているか間違っているか、というような二元論の物差しは使わないようにするのです。

子どもはいつも「〇」。正解したり、いいことをしたりしたら、さらに「◎」(二重マル)であり「花マル」です。「×」はつけません。

このように、いつも子どもに「〇」をつけること。また、「〇」をつけていることが子どもに伝わるコトバ遣いやココロ遣いをすること。

これが「〇づけ」の基本的な考え方です。

それでは、なぜ「〇づけ」は子育てに役立つのでしょうか?

人はいつも、誰かとコミュニケーションを取りながら生きています。コトバが話せない赤ちゃんも一緒。いろいろな泣き方で「お腹が空いた」、「オムツ換えて」、「具合が悪い」など欲求を伝えます。泣くことでお母さんとコミュニケーションを取っているのです。

少し大きくなっておしゃべりが出来るようになってくると、今度はコトバを使ってコミュニケーションを取ります。

このコトバこそ、親子関係を良くも悪くもする、最重要ポイント！

日常会話を思い出してください。日常会話では流れを重視するために、細かいことを省いてしまいますし、分かりやすく伝えるために大げさに言うこともあると思います。そうすると、聞く側が受け取ったコトバのイメージと事実がずれてしまい、誤解に繋がってしまう場合があるのです。

また、きちんとしつけなければならないと思うあまりに、つい強い口調で怒ったり、子どもを否定するようなコトバを投げかけていませんか？
この「しつけ」のためのコトバが子どもにマイナスの影響を与えてしまうことがあります。

どんなお母さんも、怒ったりせずにいつも笑顔でいたいと本当は思っているはずです。お母さんの温かい愛情で子どもを包み込んで、立派な人に育てたいと願っているでしょう。
それなのに、何の気なしに使っているコトバが誤解を生んで、子どものココロを傷つけているとしたらどうでしょう……。

「○づけ」は、このようなコミュニケーションにおける、親子のボタンの掛け違いをリセットしてくれます。

子どものコトバを繰り返す

「〇づけ」のやり方はとてもカンタンです。詳しくは第2章から説明していきますが、基本的には、

「へぇ」
「なるほど」
「うんうん」
「そうなんだ」

といった相づちを上手く使って、まずは子どもの話を受け止めます。
次に、話の中で子どもが使ったコトバを親が繰り返して言います。

どこの家庭でも交わされていそうな、よくある会話を使って「○づけ」の具体例を見てみましょう。

子ども「ねぇお母さん、グローブ買って」
親　「ダメよ、こないだ買ったばかりでしょ」
子ども「もうずいぶん前じゃん。ボロボロなんだよ」
親　「手入れしてないんでしょ？　モノを大切にしないんだから」
子ども「えー。みんな新しいの買ってもらってるのに……」

この会話を「○づけ」で再現すると、こうなります。

子ども「ねぇお母さん、グローブ買って」
親　「そっかぁ、グローブが欲しいんだね。おととし買ったのは、も

う使えないの？」

子ども「2年練習しまくったから、ボロボロになっちゃったんだよ」

親「へぇ！　ボロボロになるほど練習したんだね。手入れはしていたの？」

子ども「うん、毎日磨いてるもん。大切にしてるよ」

親「そう！　そんなに大切にしてもらえたなら、グローブもきっと喜んでるね。じゃあ新しいのを買おっか。また大切にしてね」

子ども「やったー。お母さんありがとう。大切にする！」

同じようにグローブをおねだりするところから始まりますが、後者は前者に比べて会話が丁寧なので、子どもからいろいろな情報を聞き出せています。その結果、お母さんが納得してグローブを買ってあげるという結論に達しているように感じると思います。

このように、会話の質や流れを変える「〇づけ」ですが、この例をよく見てみると3ステップで成立しているのが分かると思います。

はじめに、相づちを打って子どもの話を受け止めたら、次に子どもが話の中で使ったコトバを繰り返し、最後に優しく質問をしてさらに子どもの話を聞き出していくという流れ。

基本的には、この3ステップを繰り返すだけです。

ただし、注意点があります。会話の中で、子どもの意見がどんなに間違っていると思っても、否定したり、親の意見を言ったりしてはいけません。親はひたすら聞くことに徹するのです。

この3ステップを取り入れると、子どもは親が何も言わずに自分を受け入れてくれた、認めてくれたと感じます。そのため、ゆったりとした落ち着いた気持ちで会話が出来るようになります。

親の側からしても、子どもが落ち着いてきちんと説明してくれれば、余計な心配をする必要はなくなります。

疑ったり、怒ったりすることなく、子どもたちを全力で応援出来ます。

つまり、「◯づけ」を使うと、お互いにココロに余裕が出来るため、会話がスムーズに進むようになるのです。

改めて前者の会話を見てみると、「肝心なことを聞いてないな」とか「乱暴な言い方だな」など、省略されたり誇張されたりしている部分があるのを感じるのではないでしょうか？

私たちは意外と、正確な情報をやりとりしていないものなのです。

コミュニケーションは相互作用

「◯づけ」が有効な理由がもう一つあります。

それは、無意識にやってしまうネガティブな反応を防ぐこと。

例えば、前述の例文でグローブをおねだりした子に対して、

「ダメよ、こないだ買ったばかりでしょ」

と親がすぐに言っていますが、これは上手なコミュニケーションとは言えません。

もちろんグローブを購入するのは親ですから、買うか買わないか、最終的な判断は親がします。

ただし、このように子どもの意見を頭ごなしに否定することはやめましょう。頭ごなしに否定し続けていると、「どうせ言っても分かってくれないし」と、何も話さなくなってしまいます。

しかも、このときの「ダメよ」は、子どもにおねだりされたときに感じる「また？」という気持ちとともに、つい出てしまう反応に近いものではないでしょうか。

実はそこまで反対したいわけじゃないのに、つい否定のコトバである「ダメよ」から始めてしまうことはありませんか？　必要なら新しいグローブを買ってあげたいと思っているかもしれないのに……。

この無意識に出てしまう反応も、コミュニケーションを難しくしている要因なのです。

コミュニケーションは、相互に作用を及ぼしながら進んでいきます。

親がネガティブな反応をすると子どもに伝わり、子どももネガティブな反応を返してきます。それにまた親が反応して……と連鎖するのです。

逆にいえば、親がポジティブな反応をすれば、子どもからもポジティブな反応が返ってくるもの。

この違いが、最初の二つの例文に現れていますね。

つまりは、親が変われば、子どもが変わるのです。

コミュニケーションはいい影響も悪い影響も、相互作用を与えながら進んでいくものと理解しましょう。

親は出来るだけジャッジしない

もう一つ、「○づけ」での子育てにおいて大切なことがあります。

それは、子どもとコミュニケーションを取るとき、子どもの考えや意見に対して、親は出来る限りジャッジをしないようにすることです。

「ジャッジ」とは判断するという意味ですね。

例文で言えば、グローブを買うかどうかはお金を払う大人がジャッジすべきですが、本当にグローブが必要なのかどうかは、子ども自身が考えるべき問題です。

「みんなは買ってもらっているのに」では済まされない、きちんとした理由が必要です。子ども自身でその理由を考え、コトバに出来るようになってもらいたいですよね！

自分で考えられる子にしたいなら、子どもの問題に口を挟むのは出来る限り止めましょう。

親が意見すると、それが絶対的な正解になるため、子どもは親の意見を待って自ら考えなくなってしまいます。意見を言うのではなく、これからは、「〇づけ」を使って子どものコトバをたくさん引き出してみましょう。

先ほど「〇づけ」の3ステップで出てきた、3番目の「質問」がここでのキーポイント！　子どもの考えを掘り下げたり、広げたり、導いてあげられるようにいろいろな質問をしましょう。質問の数だけ子どもの思考力が養われて、そのうちに自分で正しい答えに辿りつけるようになります。

コトバだけではない、非言語のコミュニケーション

「◯づけ」の3ステップを意識してコトバを変えるだけでも、親子の会話や関係性はガラリと変わります。それほど、コトバには大きな力があるのです。

そんなコトバ以上に影響力があるものとして、表情や声のトーン、話すスピード、目線や身体の動きなどから伝わってくる、言語化されない情報があります。

例えば、次のようなコトバを例に考えてみましょう。

「愛してるよ」

ステキな愛のコトバですが、こちらを見ずにスマホをいじりながら、淡々とした口調で言われるのと、じっと見つめられながら落ち着いた声色で言われるのでは、全く違う印象を受けると思います。

「バカじゃない?」

こんな表現も分かりやすい例です。
イチャイチャしているカップルの会話なのか、ケンカをしているカップルの会話なのか、同じコトバなのに、状況によって全く意味合いが変わってきます。

このように、私たちは会話をしているとき、コトバだけでなくいろいろな情報を受け取っています。

ときには、コトバ以上にコトバ以外の要素（非言語）が大きな意味を持つこともあります。

親子のコミュニケーションを見直すときも、この非言語要素はとても大事です。

といっても、自分がどのような非言語要素を使っているのか気づいていない人がほとんどです。また、非言語要素は感じ取るものですので、注意していないと見落とし

てしまうこともあります。

目の前にいる我が子としっかり向き合って、表情や手や身体の動き、仕草などをよく見てみましょう。声のトーンや大きさをよく聞いてみましょう。そうすれば子どものココロを感じることが出来ます。

観察上手は、子育て上手です。

親子関係はあらゆる人間関係の基本

「人生の質はコミュニケーションの質で決まる」

というのは、アメリカのプレゼンターであり、コーチトレーナーであるアンソニー・ロビンズのコトバです。

まさにその通り！

人は一人では生きていけません。

自分とは違う他者と関わることで、初めて自分のことが分かってきます。

自分ではない誰かの気持ちを想像することが思いやりを育てますし、誰かに刺激されてこんな人になりたいと理想を描くことが出来ます。

そして、親と子どものキズナは人生の最初に築く、最も濃密な人間関係。

当然ながら、子どもの人格形成に大きな影響を与えます。

皆さんは、今お子さんととても大切な時期を過ごしているのです。

ただ、あまり深刻に考えすぎなくても大丈夫。お父さんお母さんが楽しくリラックスしていることは、子どもにとっても非常に大切なことなのです。

仕事や家事を終えて子どもと過ごす時間の前に、これから学ぶ「◯づけ」の内容を少しだけ思い出してください。

そうすれば、スッと肩の力が抜けて、子どもと笑顔で向き合うゆとりが湧いてくると思います。

「◯づけ」の理想は、ココロ＝コトバ

「◯づけ」が目指すのは、ココロとコトバがイコールになった、愛が溢れる素直なコミュニケーションです。

そのために、お母さんお父さんの胸に広がる深い愛情（＝ココロ）が、誤解なく、子どもにきちんと届くコトバを使う必要があるでしょう。

また同時に、「◯づけ」で使う丁寧なコトバにふさわしい、ゆとりのある

ココロ、愛が溢れる穏やかなココロを普段からキープするように心がける必要があります。

ココロとコトバがお互いに高め合い、親子のキズナを深めるコミュニケーションを目指していきましょう。

そして、そのようなコミュニケーションが取れるようになる頃には、どんな嵐にも負けない、強く揺るぎない親子関係が築けていることでしょう。

いつも笑顔で、信頼し合える親子になるために……。次からは、「◯づけ」のコトバ遣いとココロ遣いを一緒にマスターしていきましょう!

第2章

子どものココロに近づく
「○づけ」魔法のコトバ

子どものコトバをオウム返しする

「○づけ」にとって最も大事なのは、子どものコトバや考え、行動のすべてをそのまま認めて○をつけることです。

では、一体どのように○をつけるのでしょうか？　まずは、例文を見てみましょう。

親　「おかえり～。今日はどんないいことがあった？」
子ども「いいことなんか何もなーい」
親　「あら、何もいいことなかったの。じゃあ、どんなことがあったの？」

子ども「イヤなこと」
親「そうかぁ。イヤなことがあったのかぁ。どんなイヤなことがあったの？」
子ども「先生に怒られた」
親「へぇー。先生に怒られたんだー。どんなことで怒られたの？」
子ども「言いたくない」
親「そう、言いたくないのね。いいよ、いいよ。今は言いたくない理由があるんだもんね。あとで言いたくなったら言ってね」

こんな感じで進んでいくのが「◯づけ」です。カンタンそうですよね？
一見たわいのないような親子の会話ですが、次のような流れを繰り返しているのが分かります。

①親が子どもに質問する
↓
②子どもが答える
↓
③親が子どものコトバを繰り返す
→ **①に戻る**

この繰り返しが「◯づけ」です。中でも、子どものコトバをオウム返しする部分がとても大事。

一般的な会話では、子どものコトバに対して親が発言するところでしょうが、「◯づけ」ではただ子どものコトバを繰り返すだけです。その繰り返しによって、子どもは「ちゃんと聞いてくれた」、「気持ちが届いた」、「分かってもらえた」と感じます。

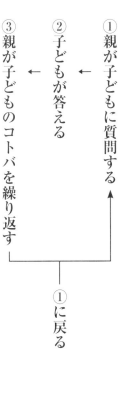

子どものコトバを受け取ったことを知らせるようにオウム返しをしましょう。どんな発言であろうと、子どもが考えたこと自体がすでに「〇」なのです。

間違っても「え？　先生に怒られたの？　何で？」と詰め寄ったりしてはいけません！　落ち込んでいる子どもをなおさら追い込んでしまいます。

子どもの様子が違うときほど、慌てず騒がず。愛情をさりげなく伝えることが、子どもに安心感を与えます。

POINT
ポイント

親の意見はわきに置いてオウムになる！

「いいね！」が子どもの背中を押す

公園デビューをして子ども同士で遊ぶようになると、つい自分の子を他の子と比べてしまいがちです。単に参考にするレベルならいいのですが、だんだん度が過ぎてくると考えものです。

「他の子よりもちょっと身体が小さいけど、まさか病気だったりして……」

このように、些細なことが気になってきたら要注意です！

子どもの成長速度には違いがあります。

身体が大きい子は力が強いかもしれませんが、小柄な子は俊敏なことが多いもの。すべてが個性。違いがあって当然です。他の子と比較して足りないところを探すよりも、我が子の魅力をたくさん発見してください。

そして、長所を見つけたらたくさん褒めてあげましょう。

子どもはお母さんお父さんに、褒められたり認められたりすると、とても誇らしい気持ちになります。

そのような経験を重ねることにより、無条件で「自分を価値のある人間だと思える力＝自己肯定力」を身につけていきます。自己肯定力は、いい人間関係を築くためにも、社会で成功するためにも、とても大切な力です。

子ども「漢字のテストでもっと大きく書きなさいって言われちゃった」

親　「そうなんだ。もっと大きく書きなさいって言われたんだ。リ

カちゃんは自分ではどう思うの？　自分でも小さいかなって思う？」

子ども「う〜ん……分かんない」

親「そうかぁ、じゃあ、お母さんと一緒に見てみようか！」

子ども「はい。これ」

親「どれどれ？　おぉ〜。いいね！　上手く書けているね。どれが小さいかな？」

子ども「全部？」

親「小さくてかわいいね。小さいけど全部合ってるから◯だね！◯がいっぱいだね！　それから、この中で大きい字はどれかな？」

子ども「えっと、これとこれは大きい」

親「そうねぇ。これとこれは大きいから花マルだね！　◯と花マルでいっぱいだね」

どんな小さなことでも出来たこと、いいところを見つけて褒めてあげましょう。子どもはもっと褒められたいと頑張るようになります。

「○づけ」では、子どものありのままを認め、「○」とします。

さらに、子どもが何か出来たり、いいところがあったりするときは、「花マル」をつけてあげる気持ちで大いに褒めてあげましょう。

特に、引っ込み思案な子は何度も繰り返して褒めることで少しずつ自信がついていきます。気長にコツコツ褒めていきましょう。

POINT ポイント

「×」ではなく「○」と「花マル」で評価する

「でも」「だって」「だけど」はNGワード

親子のふとした会話の中で、子どもが「ん？」と引っかかるようなことを言うことはよくあります。そんなとき、

「でもね、それって……」
「えー！　だって……」
「だけど、そうは言ってもねぇ……」

などと、気づいたら言ってしまっていることはありませんか？

「でも」、「だって」、「だけど」といった接続詞は、一般的に前の人の意見を否定して自分の意見を言うときに使われるもの。使われた側はあまり気持

ちがいいものではありません。

さらに厄介なのは、特に否定するつもりもなく口癖のように使っている人がいることです。考えるより先に、このような接続詞が「無意識の反応」として口から出てしまうのであれば、今すぐに止める努力をしていきましょう。

大人同士でも、この無意識の反応にイラッとすることがあると思いますが、純粋な子どもの場合は、人知れずショックを受けていることがあります。

無意識だからこそ、直すのはカンタンではないかもしれませんが、「大人は出来るだけジャッジしない」という「〇づけ」のルールを思い出して、子どもと会話する前には常にココロの中でひと呼吸おくことを意識しましょう。

例えばこんなシーン。

子ども「学校へ行きたくない」

親　「……（ひと呼吸おく）そっかぁ。学校へ行きたくないのか。何かあったの？」

子ども「あのね……友達とケンカしちゃったんだ」

親　「そっかぁ、ケンカしちゃったのね」

子ども「うん。仲直りしてないから行きたくない」

親　「そっか。仲直りしてないから行きたくないのね」

子ども「うん」

子どもに突然「学校へ行きたくない」と言われたら、ドキッとしてつい何か口走ってしまうかもしれません。「ズル休みはダメよ」とか「いじめられているの？」とか「わがまま言わないで」とか……。

慌てて親の意見を言ってしまう前に、学校へ行きたくない理由を聞いてあげましょう。

ひと呼吸おくことで、子どもは何も言わずに親が自分の思いを受けとめてくれたと思い、ココロを開くキッカケにつながります。片や親は余計な一言を言わずに済むようになります。

特に、忙しいとき、イライラしているときは、お母さんお父さんも自分を見失ってしまいがち。ひと呼吸おいて冷静になることを心がけましょう。

POINT
ポイント

ひと呼吸おくとココロに余裕が生まれる

「宿題しなさい」ではなく、「宿題ある？」と聞く

学校から帰って来るや否や、カバンを放り投げて遊んでばかり。今日も宿題があるはずなのに……。

そんな能天気な子どもにイライラして、つい声を荒げてしまうお母さん。

「こら！　宿題しなさい！」

よくある小言ですが、「◯づけ」ではこれもNG！

「◯づけ」では、やるべきことを決めるのは子ども自身。

親は、相づち・オウム返し・質問の「◯づけ」3セットを使って、子ども

をアシストする役割に徹します。

というのも、宿題はしなければいけないものだと、子どもはきちんと理解していています。やらなければいけないと思っているからこそ、先に他人に言われると「今やろうと思っていたのに！」とイヤな気持ちになるのです。

こんなときは、大人だから出来る言い換えのテクニックを使ってみましょう。

（黙々とマンガを読んでいる子どもに、さりげなく声をかける）

親　「そのマンガ、面白そうだねー。あ、そういえば今日は宿題あるの？」

子ども「宿題？　うん。あるよ」

親　「そうなんだ。宿題あるんだー」
子ども「まぁねぇ。これ読んだらやるよ」
親　「さすがだね！」

「宿題しなさい！」という命令を「宿題あるの？」という質問に変えることで、会話が一方的ではなく双方向になります。

また、親の質問に導かれるようにして、子どもが自分で「宿題をやる」と宣言しています。命令されてやるよりも、ずっと気分よく宿題が出来そうですよね？

ちなみに、他にもこのような言い換えが出来ます。

■片づけなさい！
「お部屋がにぎやかになったね。楽しいけれど、このままだとご飯が並べられないや。どうしたらいいかな？」

■早くしなさい！
「丁寧に準備をしているんだね。時計の長い針が6に来たらお出かけしようと思うんだけど、いいかな？」

上手なアプローチで、さりげなく子どもを動かすママを目指したいですね。

POINT
ポイント

命令→質問にすれば、子どもが自ら動く

ぐずったら「どうしたらいいと思う？」と聞く

天使のようにかわいい子どもたちですが、一度ぐずり始めるとモンスターに豹変してしまうことがあります。

イヤイヤモード全開で、慰めても叱っても効果なし……。

何を言っても聞き入れてくれない状態が続くと、お母さんとしては周りの目も気になるし、大きな声で一喝してしまうこともあるかもしれません。

こんなときお母さんのストレスはピークに達しているのかもしれませんが、子育ては感情的になった途端に上手くいかなくなります。まずは深呼吸をして、リラックスしましょう。

ぐずっているとき、子どもは無理やりわがままを通そうとしています。その子どもに怒鳴ってしまうのは、親もまた、無理やり言うことを聞かせようとしている状態と言えるでしょう。これはいけませんよね。

逆に、子どものわがままをそのまま受け入れてしまうのもNGです。「ぐずればわがままを聞いてくれる」と覚えてしまいます。

子どもがぐずり出したらお腹に力を入れて覚悟を決めましょう。そして、第1章でお伝えした「コトバとココロを一致させる」ことに集中し、愛情を込めながらも、毅然とした態度で子どもとしっかり向き合います。

（ご飯の時間にふざけてばかりいる子どもに対して）

親　「ご飯は食べないの？」

子ども「食べなーい」

親　「そう。もう食べないの。じゃあ、片づけるけどいい？」

子ども「だめ！」

親　「だめなの？　じゃあ、今食べましょう」

子ども「……」（食べずに遊んでいる）

親　「遊ぶのはごちそうさまをしてからよ。食べるなら今食べる、食べないなら片づけます。ダイちゃんはどうしたらいいと思う？」

子ども「……今は食べない」

親　「そっか。今食べないんだ。だったら片づけるよ。いいの？」
子ども「いい」
親　「じゃあ、片づけるね」（片づける）

肝心なのは、最後の「いい」という判断を子ども自身にさせることです。
また、もし後で食べたがっても、よほどのことがない限り出してはいけません。そうすれば、その場しのぎのわがままが通用しないことが伝わり、自分の感情をコントロール出来る子に育っていくでしょう。

POINT ポイント
しつけるときはブレない態度で接する

「そうなんだ」といったん受け止める

子どもは純粋です。澄んだココロで世の中を見て、理想を追い求めます。それゆえ、親にしてみれば突拍子もないことを言っているように感じることがあるでしょう。

例えば、子どもが「将来はスポーツ選手になりたい！」と言い出したらどうしますか？　小さいうちは微笑ましくても、大きくなってきたら心配になるかもしれません。

「そんな夢みたいなことばかり言ってないで勉強しなさい」と一蹴してしまうかも……。

子どもの甘い考えに対して一言言いたくなる気持ちは分かりますが、ここではグッとこらえて口を挟むのは止めましょう。

信念や価値観に関することを否定するのは人格否定と同じようなものなので、子どものココロを深く傷つけてしまいます。

「〇づけ」でひと呼吸おいて「そうなんだ」と受け止めましょう。

ちなみに、信念・価値観というと難しく聞こえてしまうかもしれませんが、実はとても身近なものを指しています。次のように捉えてみてください。

信念とは――その人が普段の生活の中で「そうである」と思っていること。

価値観とは――その人が大切にしているモノ・コト・ヒトのこと。

子ども「将来サッカー選手になるから勉強する必要ないんだ」

親「（ひと呼吸）そうなんだ。サッカー選手になりたいんだ。どうしてサッカー選手になりたいの？」

子ども「サッカーをしているときが一番楽しいから」

親「へぇ、一番楽しいんだね！　あ、そういえば、サッカーが上手くなるには頭脳プレーが必要なんじゃない？」

子ども「確かに頭脳プレーが出来るようになると、上手くなるね」

親「そうだね。もっと上手くなるかもね！　じゃあ、勉強して頭も鍛えておいたほうがいいかもね！」

子どもたちの胸には、荒削りながら底知れぬパワーがいっぱい広がっています。そのパワーをいい方向に導いてあげるのが親の役目ですが、それは小手先でしか使えない大人の知恵を伝授することではありません。

いろいろな経験をさせて、何度でも立ち上がる強さや成功のコツを、身をもって学ばせてあげる方が長い人生でずっと役に立ちます。

そのためには、子ども自身が好きなことに夢中になり、信じる道を歩んでいくことが必要です。

お母さんお父さんの理想や考えと違っても、子どもを信じて応援してあげてください。親が子どもを強く信じれば、それが大きなチカラになります。

POINT
ポイント

子どもの信念・価値観は絶対に否定しない

「ほら」や「また」は封印しよう

どんなに平気そうな顔をしていても、お母さんのココロの中は不安でいっぱい！　特に、初めてのお子さんを育てているときは、いつもバタバタでココロに余裕がなくなるものです。

「わたしは親として大丈夫かしら？」、「子育ては上手くいっているのかしら？」小さなことで自分を責めては、一喜一憂してしまいます。

そんなときは肩の力を抜いてリラックス！　問題点ばかりを意識していると、だんだんと視野が狭くなってしまいます。

例えば、こんな心配性のお母さんがいました。

授業参観でお子さんが隣の子とおしゃべりしているのを見てから、「子どもに集中力が足りない」と心配に思っているお母さん。

子どもが宿題をしていても、ご飯を食べていても、集中していないことが気になってしまいます。

「ほら、またよそ見をして。ちゃんと集中しなさい！」

ついつい小言が多く出てしまいます。

「……出かけてくる」

不機嫌な顔をして家を出て行ったその子が向かった先は、大好きな野球の練習場。

バットを取り出すと、真剣な表情で何時間も自主練を続けたのです。

そう、この子は集中力がないのではありません。むしろ、好きなことに関しては抜群の集中力を発揮出来る子だったのです。

向上心がある人ほど問題意識を持つものですが、それに捉われすぎると「例外」（＝出来ている部分）を見つけられなくなってしまうことがあります。

それを表しているのが例にあった、「ほら」とか「また」というフレーズ。「何度も言っているのに直らない」という強い否定のニュアンスが含まれていて子どもが萎縮する原因になります。

それだけではなく、親のコトバを何度も聞いているうちに「自分は集中力がないんだ」と思い込んでしまうこともあります。

食事や宿題の途中で、別のことに気を取られてしまう子には、「ご飯（宿題）を終わらせてからやろうね」と、目の前にあることに関してだけ注意するようにしましょう。

子育ては、子どもの可能性を探して育てていく仕事です。

問題に思うことがあったとしても、「出来ている部分もある」と例外を見つけ、それを増やしていくイメージで子育てしていきましょう。

POINT
ポイント

決めつけずに「例外」を探そう

「なぜ？」ではなく「どうすれば？」と考える

これまで、子どもの短所ばかり見すぎないようにとお話ししてきましたが、改善させなくてはいけない問題点に直面することもあります。

例えば朝寝坊。学校に通うようになったら、決められた時間に登校しなくてはいけません。

そんなとき、朝寝坊の原因について考えると思います。

「なぜ、あの子は朝起きられないんだろう？」

当たり前の疑問のように見えますが、こういう考え方はあまりオススメ出来ません。実は、出来なかったことに対して「なぜ？」と考えると、問題に捉われすぎて、良くなるよりも悪くなってしまうことが多いからです。
「なぜ」の後ろには「〇〇出来ないんだろう？」など否定を表すコトバが続きます。出来なかった過去を振り返っているので、返答も後ろ向きになります。「意志が弱いから」、「生活リズムが悪いから」、「低血圧だから」など、出来ない理由を探していると、気持ちが暗くなってしまいます。

それよりも、「どうしたら？」と考えるようにしてみませんか？

「どうしたら」のあとに続くコトバは「〇〇出来るだろう？」です。出来ることを前提にして未来・将来のことを問いかけているため、答えも前向きになります。気持ちもグッと明るくなるでしょう。

親　「今日は寝坊しちゃったね。眠かったのかな？」
子ども「うん、眠かった」
親　「そっか。眠かったの。どうして眠かったんだろうね？」
子ども「夜、遅く寝たからかなぁ」
親　「そっか。昨日は遅く寝たんだね。じゃあ、明日はどうしたら寝坊しないかな？」
子ども「早く寝ればいいと思う」
親　「そうだね。じゃあ、今日は何時に寝る？」

「どうすれば？」と前向きに問いかけると、ほとんどの場合、子どもは自分で解決策を考え出します。また、自分で決めたことだから守りたいという気持ちも生まれます。

子どもの自主性を育てる意味でも「○づけ」を意識して、過去志向型から未来志向型に変わる、コトバの使い方をしましょう。

ただし、「なぜ？」という問いかけが最適なときもあります。
それは、価値観について聞くときです。
例えば、ぬいぐるみを手放さない子に「なぜ、そのぬいぐるみが好きなの？」と質問することは、子どものココロを知るキッカケになります。

「なぜ？」は、状況を見て使ってくださいね。

POINT
ポイント

過去を見ずに、未来を見よう

カウンセリングのエッセンスをちょっと拝借！

ココロがつながるプチトレ①

子どもとの距離を縮める2ステップ

人は、コミュニケーションを取るときにコトバだけではなく、ココロもやりとりしています。

特に、親子の会話ではココロが通じ合うことがとても大切です。

ただ、大人同士の会話に慣れているお母さんお父さんにとって、子どもにココロが伝わるコミュニケーションとはどのようなものなのか、分からないという人もいるでしょう。

そこで、心理カウンセラーとして長年活動してきた私のノウハウを、子育てにも使ってみましょう。

カウンセラーはカウンセリングをする上で、クライアントと「ラポール」と呼ばれる信頼関係を形成することが必要不可欠です。

人は信頼出来ない相手に、自分の悩みを打ち明けようとは思わないもの。当然の条件と言えるでしょう。

逆に、信頼関係があれば、何らかの誤解が起きてもお互いに相手を思いやり、軌道修正することが出来ます。

そのため、カウンセラーはクライアントと何気ない会話を続けながら、ラポールを形成するために、徐々にココロの距離を縮めていきます。

そのときに、意識しているのが、次の2ステップです。

子どもとラポールを形成するための2ステップ

1 STEP ペーシング

相手のペースに合わせて話をする

　子どもの声のトーンやテンポ、呼吸に合わせて話すことです。例えば、子どもが興奮しているならば、同じように興奮したり、何かを自慢しているのであれば大げさに驚いたりします。このように子どもの調子に合わせた話し方、身振りをすると「自分の気持ちを分かってくれている」と感じさせることが出来ます。

バックトラッキング

子どもの話を伝え返す

ペーシングの一つで、子どものコトバを繰り返して話すことです。「自分の話をきちんと聞いてくれた」と感じさせる効果があるので、あとに続くコトバを受け入れやすくしてくれます。バックトラッキングには3種類あり、「子どものコトバをそのまま言い返す方法」、「要約して言い返す方法」、「キーワードを使って言い返す方法」があります。状況に応じて使い分けましょう

ミラーリング

相手の動作に合わせて動く

ペーシングの一つで、鏡に映るように子どもの動きに合わせて話すことで

子どもが手を叩いたら一緒に手を叩く、子どもが悲しい顔をしたら同じように悲しい顔をするなど、仕草や姿勢、コトバ遣いなどを合わせます。そうすることにより、親子の一体感を無意識に感じさせてくれます。

2 STEP リーディング

会話を自然とリードしていくこと

ステップ1のペーシングで子どもとペースが合ってきたのを感じたら、リーディングを行いましょう。会話のリズムを変えてみて、それに子どもが合わせてくれれば成功です。特に、子どもが興奮しているときは、声のトーンを低くして、ゆっくりとした調子で導いていきましょう。子どもを安心させ、情緒を落ち着かせることが出来ます。

この2ステップは、いずれも子どもをよく観察しながら行いましょう。

また、表面的なテクニックだけでは、子どもにすぐ見抜かれてしまいます。

大切なのは、子どもと近づきたいと思う強い気持ちです。「子どものことを理解したい！　愛する気持ちを伝えたい！」と、強く思いながら使ってみてください。

子どもを形容するときはポジティブワードで

子どもは一日中遊ぶのが仕事のようなものです。泣いたり、走ったり、叫んだり、歌ったり……。身体を目一杯使って、たくさんのことを吸収します。

ただ、度が過ぎると大変！　公共の場所で大騒ぎしたり、集団行動を乱したり、大人を大いに悩ませます。

「落ち着きがなくて困った子だわ……」

そう思ってしまったとき、無意識のうちに子どもに「レッテル」を貼っているかもしれません。注意しましょう。

ここで言うレッテルとは先入観・思い込みのこと。例えば、「水」と書いてあるペットボトルに透明な液体が入っていれば、確かめなくても中身は水だと思ってしまいます。

同様に、子どもに対して一度「落ち着きがない」とレッテルを貼ってしまうと、そう決めつけて、他の面を見なくなってしまうものなのです。

長所と短所は表裏一体です。「落ち着きがない子」ではなく、「元気な子」というようにポジティブな捉え方をするクセをつけましょう。

子ども「（大声で）やったー！　電車すげー！　はえーっ！」

親　「そうだね。とっても早いね。あれ？　電車の中は静かに過ごしたい人もいるみたいだよ。少しだけ小さい声で話してみようか」

子ども「えー、楽しいんだもん、大きい声でお話ししたい！」

乗客「ちょっと、うるさいんですけど！」
親「すみません！　うちの子、元気が良すぎるところがあって……。ダイちゃん、楽しいと大きい声でお話ししたくなるけれど、ここはどこかな？」
子ども「電車の中……」
親「そうね、電車の中だよね。電車の中でお話しするときは、どうしたらいいのかな？」
子ども「小さい声で話さなきゃダメ……」
親「そうだね、公園に着くまでママと小さい声でお話し出来るよね」
子ども「うん。分かった。（小さい声で）あのね……」

元気な子どもが周りに迷惑をかけてしまうことはやむを得ないことです。注意されたり、嫌味を言われたりすることもあるかもしれません。

そんなときはこのようにキッパリとした態度で謝ればいいのです。必要以上に自分を責める必要はありません。

同時に、「◯づけ」で子どもの気持ちを受け止めながら、ダメなことはハッキリとダメと言うことも肝心です。同じ物事に対して、いいと言ったりダメと言ったり、そのときの気分で態度を変えるのが一番良くありません。

子どもはそんな裏表のない親の対応をしっかりと見ていて、何がよくて何が悪いか自然に学んでいってくれるはずです。

POINT
ポイント

子どものことはいつでも前向きに表現する

「うちの子なら大丈夫！」が合言葉

子育ては毎日ハプニングの連続です。それもそのはず、子どもは日々初めてのことに直面し、たくさんの失敗をしながら成長していきます。それは親も一緒。育児という慣れない仕事に奮闘しています。

心配もたくさんありますよね。不安に押しつぶされそうになる夜もあるかもしれません。そんなときは、大きく深呼吸してから、

「○○ちゃん（子どもの名前）なら大丈夫！」

と言ってみてください。ココロの中で言うだけでも効果があります。お腹に力を感じて、元気が出てきます！

親子の関係はとても深いので、親の感情は子どもに伝染します。親が心配しすぎると、子どももナーバスになっていくことがあるので、そのスパイラルをどこかで断ち切る必要があります。

「〇〇ちゃんなら大丈夫！」と子どもを信じ切ることが出来れば、心配ばかりしているクヨクヨモードは吹き飛んでいきます。

出来ないことがあっても、これから出来るようになるだろうと、子どもの成長を気長に待てるようになります。

例えば、次頁のようなケースでも動じずに！

親　「どうしたの？　ケンカしちゃったの？」

子ども「あの子がぼくのおもちゃを取ったんだ」

親　「そう、あの子がダイちゃんのおもちゃを取ったのかぁ。それでどうしたの？」

子ども「返してって言ったら叩かれたから、ぼくも叩いた」

親　「（うちの子なら大丈夫！）そう。叩かれたから叩いちゃったの。話してくれてありがとうね。ダイちゃんのこと愛しているよ！　それじゃあ、これからどうすればいいかな？」

子ども「……謝る」

親　「そうだね。謝ろうか」

たとえ、子どもが嘘をついたり言い訳をしたりしても、頭ごなしに否定せずに、まずは「◯づけ」で受け止めてあげましょう。頭ごなしの否定は、自分を全否定されたと受け取られてしまいます。

そして、子どもを疑うことなく100パーセント信じ切っていること、どんなときも味方なのだということが伝わるように、愛のコトバをしっかり口にしましょう。

その度に子どもたちは強く、素直になっていきます。

POINT
ポイント

子どもを信じ切る勇気を持とう

コトバに詰まったら、ニッコリ微笑む

ここまで、「◯づけ」ならではのコトバ遣いやココロ遣いを紹介してきました。

相づちを打つ　↓　子どものコトバを繰り返す　↓　質問する

この流れが子どもに安心感を与え、素直で誤解のないコミュニケーションが出来るというものでしたね。

しかし、この方法が通用しないときもあります。

例えば、子どもがかんしゃくを起こして泣きわめいているとき……。
恥ずかしがり屋さんで、なかなかコトバが出てこない子の場合……。
子どもから、答えるのが難しい質問をされたとき……。
いろいろな場面で、会話をスムーズに続けられないことがあります。

そんなときは、頭の中をうず巻く思考の流れを、いったん止めてみましょう。無理をしてコトバを考えることはありません。
そして、ココロを落ち着けるように深呼吸して、緊張した表情を緩めましょう。

次に、子どもと目を合わせながらニッコリと微笑んで、出来たら子どもをギュッと抱きしめてあげましょう。

「抱っこ法」という親子のコミュニケーション方法があります。これは、子どもの耳元で、

「お母さんは○○ちゃんが世界で一番好きだよ」

「お母さんはいつも○○ちゃんと一緒だよ」

とささやきながら、ギュッと子どもを抱きしめるという方法です。

この抱っこ法は、抱きしめてお母さんのぬくもりを伝えることで、子どもを落ち着かせて、親子のキズナを深める効果があります。しっかり向き合って、子どもへの愛を表現してください。

意思の疎通が上手く出来ないときは、ココロを通わせましょう。愛されているという安心感でいっぱいになれば、子どもは徐々に気持ちが落ち着いていくものです。

POINT
ポイント

笑顔は最高のコミュニケーション・ツール

「パパかっこいい!」と子どもの前で褒める

子育てをお母さん一人でやるのは大変なことです。お母さんとお父さん、二人の子どもなのですから、お父さんには喜びも不安も共有出来る心強い味方でいて欲しいですよね。

子どもの側から見ても、お母さんとお父さん、二人の愛情が必要です。双方の愛情を受けることで子どもはバランス良く成長していきます。

子育てにおけるお母さんの役割とは、子どもの絶対的な理解者であることです。どんなときでも子どもの味方になり、すべてを包み込んでくれる「愛の象徴」。子どもはお母さんがいるからこそ安心することが出来ます。

片や、子育てにおけるお父さんの役割は、子どもの憧れの存在でいることです。力強くて頼もしいお父さんが近くにいてくれることで、子どもは幸せを感じます。

また、迷ったらお父さんに相談したい、お父さんのような大人になりたいというように、子どもの目標になります。

子どもは、お父さんからは強さを、お母さんからはやさしさを学んでいるのです。両方とも欠かすことが出来ない大切な存在と言えるでしょう。

とはいっても、なかなか時間がつくれないお父さんもいると思います。そんなときは、お母さんが子どもとの会話の中にお父さんを登場させて、褒めてあげましょう。

子ども「パパ、まだ帰ってこないね」

母　「そうだね。パパは毎日遅くまで働いてすごいねぇ」

子ども「うん。すごい！　早くパパと遊びたい！」

母　「そっか。遊びたいね。何して遊ぼうか？」

子ども「公園で遊びたい！」

母　「へぇ！　公園で遊ぶの。いいね、楽しそうだね。そういえば、パパがこないだリカちゃんの自転車を

修理してくれたよ。パパってかっこいいねー」

子ども「えー！　パパかっこいい！　自転車で遊ぶ！」

お母さんが、お父さんを会話の中で褒めるのは「◯づけ」していることと一緒。子どもはお父さんを大切に思うと同時に、二人の仲がいいことに満足してココロが穏やかになります。

お母さんは、子どもとの会話の中に、かっこいいお父さんをたくさん登場させてあげてください。家族円満の秘訣です。

POINT
ポイント

お父さんを「◯づけ」しよう！

あらゆる意味で「無理」は禁物

子育ては重労働です。お母さんの中には十分な睡眠を取れない状態で子どもの後を追いかけて、家事をこなしている人もいるでしょう。悩みや不安がたくさんあるはずです。

パンパンに張り詰めた風船のように、身もココロも限界まで追いつめられることもあるでしょう。

そんなとき、子どもがどうしても言うことを聞かなかったら、

「もう無理！」

と投げ出したくなるときがあるかもしれません。

そんなときは、思い切って頭をからっぽにしてみましょう。そして、出来ないことではなく、出来ていることを想像するのです。

そう、自分に「◯づけ」をしてあげるのです。

ココロが落ち着いてきたら、今抱えているストレスを解放しましょう。

やり方はカンタン。

腹が立つこと、抱えている不安や悩みから解放されて、スッキリ爽快になっている自分を思い浮かべながら、

「気にならない」

とココロの中で10回程度繰り返すのです。

自己暗示がかかって、本当に気にならなくなってきます。

一方、子どもとの会話の中でも、「無理」というフレーズは意外とよく出てくるものです。

子ども「お母さん、私もピアノ習いたい」
親　「無理よ。すぐ飽きるでしょ?」

親としては、子どものクセや性格を踏まえた上で「どうせすぐやる気がなくなっちゃうくせに」と、たしなめるつもりで口にしていることがほとんどだと思いますが、言われると意外と傷ついてしまうコトバです。

また、長期間に何度も「無理」と言われ続けると、子どもは「自分には無理なんだな」、「やっても無駄だ」などと考えるようになり、気力がなく、チャレンジしない子どもになっていきます。

「無理」が口癖になっている人は、その代わりに「○づけ」のコトバ「そうなんだ」を使ってみましょう。子どの話を聞く余裕が生まれます。

自分に対しても、子どもに対しても使わない方がいい「無理」というフレーズ。「無理」は禁物と覚えて、意識しておきたいものですね。

POINT
ポイント

自分にも子どもにも「無理」は禁物

カウンセリングのエッセンスをちょっと拝借！

ココロがつながるプチトレ②

子どもの優位感覚に合わせて説明の仕方を変える

人には五感と呼ばれる代表的な感覚があります。

視覚、聴覚、体感覚（触覚）、味覚、嗅覚の5つの感覚。味覚と嗅覚は使う場面が限られてくるので、ここではよく使用される、残りの3つの感覚についてお話ししましょう。

視覚、聴覚、体感覚は誰しも同じように使われるのではなく、どれかの感覚を優先して使っていて、それは人によって異なります。

例えば、ある人は視覚が4割、聴覚が3割、体感覚が3割なのに、別の人は視覚が2割、聴覚が3割、体感覚が5割というような感じです。

どうして突然こんな話を始めたのかというと、お子さんがどの感覚を優先させているかによって、物事を理解するプロセスが違うからなんです。

情報をイメージ・映像で覚える視覚優先のお子さんには、口で言っても伝わりにくいもの。大事なことは実際にやってみせてイメージで覚えさせるといいでしょう。

聴覚優位のお子さんがお話しするときにお

母さんの目をなかなか見てくれなくても、心配しすぎる必要はありません。よく聞いている証拠です。

座りなさいと言ってもなかなか座らないお子さんは、体感覚優位かもしれません。スキンシップを多くしてあげると、しっかり話を聞くようになります。

お子さんの感覚のどれが優位なのかは、普段の行動や話をしているときの目の動き、よく使うコトバなどで知ることが出来ます。

見ることが得意［視覚優位］

見ることが得意で、よく観察して絵を描いたり、イメージしたりします。

話をしているときは視覚情報にアクセスするため、上を見たり、99ページのようなコトバを使うことが多いでしょう。

また、イメージを表現するために、手を使ったボディーランゲージをする傾向があります。視覚優位の子どもには、実際に絵を描いて見せたり、目に見えるものを使って説明すると、理解しやすくなるでしょう。

聞くことが得意［聴覚優位］

聞くことが得意で、小さな音に耳を澄ませたり、歌ったり、よくおしゃべりしたりします。話をしているときは聴覚情報にアクセスするため、左右をみたり、99ページのようなコトバを使ったりすることが多いでしょう。

また、何かを考えているときに手が鼻や口元に行く傾向があります。聴覚優位の子どもには、静かな場所で、子どもの話すスピードやリズムに合わせながら、ハッキリとしたコトバで表現すると理解しやすくなるでしょう。

身体を動かすのが得意［体感覚優位］

視覚、聴覚以外の身体の感覚を使うのが得意で、匂いを嗅いだり、触ったり、身体をよく動かしたりします。話をしているときは体感覚情報にアクセスするため、少し下を見たり、左記のようなコトバを使ったりすることが多いでしょう。さらに、身振り手振りで表現しようとする傾向があります。

身体感覚型の子どもには、コトバで説明するよりも、実際にやらせてみるのが一番。身体感覚をイメージ出来るようなコトバを使って、ゆっくりと話を進めてあげるようにしましょう。

視覚優位な人が多く使うコトバ

●見る　●見える　●見えない
●はっきりしている　●まぶしい
●明るい　●暗い　●赤い（など色に関する表現）　●ぼんやりしている　●夢
●イメージ　●キラキラ（など光に関する表現）など

聴覚優位な人が多く使うコトバ

●聞く　●聞こえる　●聞こえない　●話す
●しゃべる　●声　●音　●うるさい
●騒がしい　●静か　●言う　●言われた
●鳴る　●泣く　●うなる　●わめく
●うわさ　●ザーザー（など音に関する表現）など

体感覚優位な人が多く使うコトバ

●感じる　●触る　●潰す　●つかむ
●切る　●割る　●叩く　●傷つく
●かき混ぜる　●ドキドキする
●あたたかい・冷たい（など温度に関する表現）
●かたい・柔らかい・なめらか（など感触に関しての表現）など

優位感覚は、どれがいいとか悪いとかいうものではありません。また、感覚のタイプは成長や経験だけでなく、状況に応じても変わります。

早く、ダイレクトにココロとコトバを伝えたいときは、お子さんの優位感覚に合わせたコトバを使ったりアプローチをしてみてください。それを続けていると、お母さんお父さんの感覚も少しずつ変わって、子どもと共感出来ることが多くなっていきます。

逆に、お子さんの優位感覚以外の感覚をコトバやアプローチで刺激すると、普段あまり使っていない感覚が磨かれて、お子さんの感受性が高まります。

第3章

子どもの才能を開花させる「○づけ」魔法のコトバ

「〇〇（好きなこと）と一緒だね！」でその気にさせる

少し難しい算数の宿題が出たとき、お子さんはどのような反応をしますか？

算数が好きな子なら、前向きに取り組むかもしれません。逆に苦手な子はなかなか取りかかれないでしょう。

大人でも苦手なことに取り組むのはイヤなものです。やらなければいけないと分かっているけど、なんとなく先延ばしてしまうのは、「よし、やるぞ！」と自分で気合を入れるタイミングを待っているんですよね。

そのように「気持ち待ち」をしているときに、「早くしなさい！」と誰かにチャチャを入れられたら、げんなりしてしまいます。

イヤだけどやらなければいけないことをやるときには、自分をやる気モードにするための、ちょっとしたコツが必要です。

そんな「やる気モード」になるコツは、子どもが好きなことをやっているときに、さりげなく気づかせるのがポイントです。

例えば、サッカーが好きな子なら、試合で活躍して上機嫌な帰り道に、「〇づけ」を利用したこんな会話をするといいでしょう。

親　「今日のゴール、すごかったね！」

子ども「でしょ。コーチにも褒められたよ」
親　「へぇ！　褒められたんだ。やったね！」
子ども「うん。いっぱい練習したからね」
親　「そうだよね。いっぱい練習していたもんね。やっぱり練習って大事だね」
子ども「うん！　そうだね、練習は大事だね！」
親　「じゃあ、もしも練習しないでサッカーしたらどうなるかな？」
子ども「多分、上手にならないから楽しくないと思うよ」
親　「うんうん、そうだよね。あ、それって算数も同じじゃない？　練習して解けるようになったら楽しくなるかもね！」
子ども「あっ、そっか！　じゃあ、もっと練習してみよっかな」

ココロが前向きなときに、苦手なことでも練習して克服すれば好きになるということを子ども自身に気づかせてあげましょう。
自分で自分をやる気にさせられる、向上心のある子に育っていきます。

POINT
ポイント

「もしも」で聞くと子どもは答えやすくなる

子どもが得意なことには難しい質問をしてみる

好きなことや得意なことについて話しをするとき、子どもの目はキラキラと輝いて、とてもいい顔をします。小さくても自分なりの考えがあって、それを聞いてほしいんですね。

そんなときは「◯づけ」を生かして、熱心に話を聞いてあげましょう。

ときには、ちょっと難しい質問をするのもアリです。

好きなことや得意なことなら、悩んだり考えたりする時間も楽しいものですから、思考力、自主性、表現力を磨くキッカケになります。

親　「ダイちゃんは、絵を描くのが上手ね！」
子ども「絵を描くのは大好き。大きくなったらマンガ家になるんだ」
親　「そうなの。マンガ家になるの。楽しそうだね」
子ども「おもしろいマンガ描くんだ」
親　「へえ。いいね。おもしろいマンガってどんなマンガ？」
子ども「あのね、ネコが主人公で、いろんな動物が出てきて……（マンガの内容を得意そうに話す）」
親　「おもしろそう！　そのマンガのタイトルはなんていうの？」
子ども「……分かんない」
親　「分からない？　じゃあ、アイデアが出たら教えてね」
（しばらく考えて）
子ども「あ、考えた！　『ネコ5匹の物語！』」
親　「あら、『ネコ5匹の物語』っていうの。いい名前だね。それじゃ

あ、ダイちゃんはなんのためにそのマンガを描くの？」
子ども「……分かんない。難しい」
親　「難しい？　じゃあ、分かったらまた教えてね」
（またしばらく考える）
子ども「分かったよ！　あのね、読んでくれる人に、マンガってこんなにおもしろいんだよって伝えるため！」

お母さんの難しい質問によって、子どもの柔らかい脳がフル活動！　答えを出すまで時間がかかる場合もありますが、そのうち、親がびっくりするような答えを出すようになります。

焦らせたり、お母さんが代わりに答えを出したりせずに、子どもの答えを気長に待ちましょう。じっくりと考えるココロとアタマが育ちます。

POINT
ポイント

子ども自身が答えを出すまでじっと待つ

会話を広げる、質問力を鍛えよう

私たちは、無意識のうちにたくさんの省略をしながら会話をしています。

例えば、〝転んでケガをした〟という話をするときに、その日の天候や前日に起きた出来事まで話す人はあまりいないですよね？　テーマとの関係の薄い部分を省略するからこそ、テンポよく、分かりやすい話が出来ます。

ただそれが行き過ぎると、連想ゲームのように事実からどんどん離れていってしまうことがあります。

子どもとの会話の中で「ん？」と疑問に思うようなことがあったら、事実を把握するために、出来るだけ具体的なことを聞き出しましょう。

そこで役に立つのが、「質問力」です。


子どもへの質問は「5W1H」を意識しながら行います。

聞いたことがある人も多いと思いますが、「誰が、何を、いつ、どこで、なぜ、どのように」の意味で、文章を完結にまとめるためのパターンです。

これを意識すると、ことのあらましがだいたい掴めます。

親　「おかえり！　今日は何か変わったことがあった？」
子ども「先生に怒られた……」
親　「あら、先生に怒られたの。いつ？」
子ども「さっき。家に帰る前に職員室に呼ばれた」

親　「そっかぁ。またどうして？」
子ども「掃除のときに友達とふざけていたから」
親　「なるほど。ふざけていたのね。で、なんて言われたの？」
子ども「掃除をちゃんとやりなさい、いつもふざけているでしょって。いつもじゃないのに……」
親　「そっかぁ……。いつもって言われたんだ。どんな気持ちになった？」
子ども「悔しい……」
親　「そうだよね。どうしたらスッキリするかな？」
子ども「……いつもはちゃんとやってるって、先生が分かってくれたらスッキリする」
親　「そうだね、そしたらスッキリするね。じゃあ、先生に分かってもらうにはどうしたらいいと思う？」

（以下「◯づけ」の会話が続く）

まず、「5W1H」で子どもが置かれている状況を把握しましょう。次に子ども自身が問題解決の方法に気づくような質問をしてあげてください。

この例で言うと、「どうしたらスッキリするかな？」という質問ですね。

いつもと角度が違う問いかけをすると、子どもが発想を転換して新しいことを考えるようになります。思考力を伸ばすチャンスです！

POINT
ポイント

質問は笑顔で！「詰問」にならないように

「手伝ってくれる？」頼むと子どもは成長する

「買い物してガソリン入れて、お姉ちゃんを習い事に送っていって……」

猫の手も借りたいほど忙しいときに限って、下の子の具合が悪くなる……。

そんな大ピンチという状況のとき、手伝いに来てくれる人がいればいいですが、そうはいかない場合がほとんどでしょう。お母さんはてんてこ舞いです。そんなとき、つい強い口調になってしまうこともあるのではないでしょうか？

「お姉ちゃん、早く片づけなさい！」

「何度言ったら分かるの！　テレビ消して！」

すべてを一身に背負って奮闘するお母さんの気持ちを想像すると、余裕がなくなるのも仕方がないですよね。

そんなときは、発想を転換してみましょう！　猫の手ならぬ、子どもの手を借りてしまえばいいのです。

親　「ダイちゃんを病院に連れていかないといけないんだけど、今、手が離せないの。ママのお財布と携帯電話を取ってくれる？」

子ども「うん。いいよ」

親　「ありがとう！　あと、テレビを消して、お部屋のお片づけしてくれるかな？」

子ども「うん。分かった！」

親　「ありがとう！　お姉ちゃんがいてくれて本当に助かった」

困ったときは一人で解決しようとせずに、子どもの力をどんどん借りましょう。子どもは、愛するお母さんが必死に奮闘している姿を見ると、「大変そうだな」、「力になりたいな」などと思うものです。

そんなお母さんに助けを求められるなんて、願ったり叶ったり。一人前として認められたと感じて、誇らしい気持ちになります。

また、もっと期待に応えられるようになりたいという向上心が育ちます。

そして、子どもに手伝ってもらったときに一番大切なのは、感謝の気持ちを込めてお礼を言うことです。例文のように、手伝ってくれてどれだけ助かったかをしっかりと伝えてあげましょう。

ちなみに、大変なときは子どもだけでなく、ご家族やご近所の人など、「手伝うよ」と言ってくれる人の力をどんどん借りてください。

一人で抱え込んで人知れずストレスを溜め込むと、それを子どもにぶつけるようになります。

甘え上手は、子育て上手ですよ！

POINT
ポイント

実は子どもはお手伝いが大好き

「（砂場で）おだんご何個だ？」遊びの中で学ばせよう

子どもの価値や魅力を計る上で学力がすべてでないことは、ほとんどのお母さんお父さんが分かっていることだと思います。

子育てでは、まずＩＱよりもＥＱを重視しましょう。ＥＱとは、ココロの知能指数のこと。自分の感情をコントロールしたり、他者の感情を理解するために必要な能力で、ＥＱが高いと、失敗しても前向きに捉えたり、周りの人と協力して物事を進めることが出来ます。

自分のことも他の人のことも大切に出来る。そんな、人として当たり前のことをしっかりと身につけることは、生きていく上でとても重要です。

また、ココロを育てれば落ち着いて物事に取り組めるようになるので、IQも自然と伸びていきます。

逆に、テストの点数に踊らされて学力中心に子どもを育てると、勉強が出来ても、それをどう生かしていくべきか分からない大人になってしまうことがあります。

そうなっては、せっかくの学力も宝の持ち腐れ。「応用問題を解くにはまず基本から」というわけです。

小さいうちは机で勉強させるよりも、どんどん新しい場所に連れていって、たくさん遊ばせてあげましょう。子どもにとっては、見ること聞くことと触れること、すべてが勉強なのです。

そして、「これは覚えさせたい」と思うことがあれば、「○づけ」で培った質問力で、楽しいクイズを出してみてはどうでしょうか？

子ども「おだんご出来たー」

親　「わぁ、たくさん出来たね。ママは5個つくったよ。ダイちゃんは何個つくったかな？」

子ども「ぼくは3個つくった」

親　「3個つくったんだ！　ママとどっちが多いかなー？」

子ども「ママの方が多い！」

親　「そう、正解！　ママだね。じゃあ、何個多いか分かる人！」

子ども「1、2……、2つ？」

親　「すごい、正解！　ママの方が2つ多いね」

子ども「やったー！」

子どものような遊び心と発想力を持てば、いつもの散歩道も公園も家の中も、学びの場に代わります。
お母さんお父さんも頭を柔らかくして、遊びの中で、知恵や知識を増やしてあげましょう。

POINT
ポイント

子どもにとって、遊びこそ最高の学び

「○○が上手だね」長所はどんどん褒める

「これが出来たら○○を買ってあげる」。これは、子どものモチベーションをアップさせるのに、親がよくやってしまうパターンではないでしょうか？

この「物で釣るごほうび作戦」は子どもに絶大な効果を発揮するのですが、ごほうびがどんどんエスカレートしていくという難点を持っています。

また、ごほうびの内容に応じて努力したり、ごほうびがないと動かなかったり、子どもを物質依存症にしてしまうことがあります。

物で人の価値を判断するような子に育って欲しくないならば、ごほうびは物ではなく「褒めコトバ」にしましょう。

第2章でもお話ししましたが、「褒めること」は「○づけ」と同じようなもの。子どもたちに、自分たちは愛されていること、価値のある人間であることを実感させます。

褒められて、自尊感情を身につけた子は、決して偉そうに振る舞うことはありません。周りのお友達も自分と同じように、価値のある人間だと思って大切にします。

さらに褒めコトバはいつでもどこでもカンタンに与えることが出来ますし、お金もかかりません。

効果も抜群！　物をもらったときの満足感など3日も持てばいい方です

が、褒めコトバをもらうと、嬉しいうえに自信となり、子どものやる気もアップします。いいことずくめですよね。

親　「リカちゃん、洗濯物たたむのを手伝ってくれる？」
子ども「いいよー」
親　「ありがとう」
（洗濯物をキレイにたたむ子どもを見て）
親　「リカちゃん、本当に洗濯物をたたむのが上手ね。ほら見て、リカちゃんがたたんだのは、タオルの端と端がぴったり合っているよ。すごい！」
子ども「キレイにたためたでしょ」
親　「こんなに上手にたためるなら、いいお母さんになるね」
子ども「うん、いいお母さんになる！」

子どもが得意なことやいいことをしたときは、時間を置かずにすぐ褒めましょう。小さなことでも構いません。少し大げさなくらい、褒めてあげてください。

褒められると、子ども自身、自分の長所や持ち味が分かるようになります。また、よりよい人生を送るために必要不可欠な自己肯定感を高めて、自主性の高い子どもに育っていきます。

POINT
ポイント

褒めるほど子どもは伸びる

カウンセリングのエッセンスをちょっと拝借！

ココロがつながるプチトレ③

「誤解」を解く〝メタモデル〟を味方にしよう

私たちは普段、多くの情報を省略しながら会話をしています。

例えば、〝ツーカーの仲〟なんて呼ばれる熟年夫婦なら、

「母さん、あれ」

「はい、醤油」

という会話が成立してしまうこともありますよね。

言わなくても通じることが多いということですから、省略は親密さの証とも言えますし、悪いことではありません。省略がないと「キャッチボール」

のようにテンポのいい会話も出来ません。

ただ、子どもとの会話で「ちょっと意味が分からないな」と疑問を感じたときには、省略されている部分を補うように質問をしながら、本当は何があったのか、どう考えているのか、理解を深めていきましょう。

実は、このような質問話法のことを「メタモデル」と呼び、カウンセリングでは一般的な手法として使われています。

省略以外にも、会話の中で誤解を生みやすい表現に「一般化」と「歪曲」があります。

ここでは、それぞれの例文を挙げてみますので、タマのツッコミを参考にしながら、例文のどんな部分が誤解を生みやすいのか考えてみましょう。

〝省略〟の例

女の子はすぐ泣く

やれって言ったじゃん

あの子は頭がいいんだよね

ぼくは友達が少ない

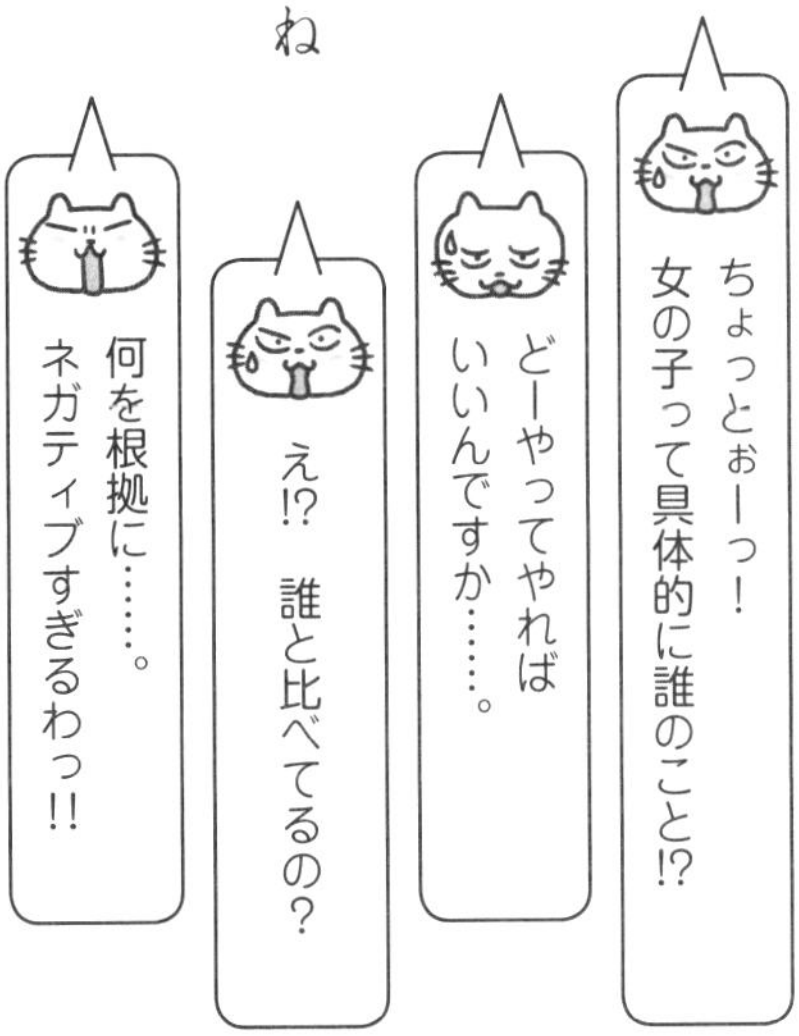

ちょっとぉーっ! 女の子って具体的に誰のこと!?
どーやってやれば いいんですか……。
え!? 誰と比べてるの?
何を根拠に……。 ネガティブすぎるわっ!!

〝一般化〟の例

私には無理に決まってる

みんなと違う意見は
言わない方がいい

いつも失敗ばかりする

勝手に
限界決めちゃって……。

え!? なんで?
合わせる必要ないでしょっ!

「いつも」じゃないだろ、
「いつも」じゃ!(怒)

〝歪曲〟の例

私のこと見て笑ってたもん、
嫌われてるよ

しっかりしていれば出来たのに

笑ったから嫌われてるって……。
関係ないだろっ!!

おぃおーいっ! しっかりしてない
のが前提になってるから~(涙)

あの子には困った
大切に思ってないから
約束を破るんでしょ

ん!? 困った!? 困ったって何が?
言われたこっちが困るわ!

うわぁー。でた!!
決めつけ……。めんどくさ……。

どうでしょう? 意外とよく使っているフレーズがあったのでは?

みんな
ツッコミどころ
満載すぎニャ…
独りよがりに
思い込んで
落ち込むのは
厳禁ニャー!!
ハァ
ハァ
ネガ
ネガ
ネガ
ネガ
私なんか…
どうせ…

省略・一般化・歪曲は、自分の信念や価値観が絶対的なものだと思うことから生まれます。子どもがこのようなコトバを使ったときは、メタモデルを使って、具体的に何のことを言っているのか明らかにしていきましょう。

「女の子はすぐ泣く」に対しては、**「そっか。誰がすぐに泣いたのかな?」**
「いつも失敗ばかりする」には、**「へぇ。こないだ○○したときはとっても上手くいってたよね?」**
「しっかりしてれば出来たのに」であれば**「うんうん。○○ちゃんはしっかりしているのにね?」**

といった具合に質問していきます。

自分の考えは絶対ではなく、物事にはいろんな考え方があることを、メタモデルで子どもに教えてあげてください。

ちなみに、メタモデルを実行するときは、強い口調はＮＧ！

同じことを何度も繰り返して質問するのもよくありません。強い口調や険しい表情で聞くと、詰問になってしまいます。

また、お母さんお父さんも普段このような表現をしていないか、ご自身のコトバも振り返ってみてくださいね。

第4章

よくある子育てSOS！ こんなときどうする⁉

お悩み 1

「子どもがとにかく言うことを聞いてくれないんです」

特に元気いっぱいな男の子に多い悩みですね。

好奇心も体力も旺盛な男の子はいたずらも日常茶飯事。ある意味、バイタリティーがあって頼もしい子どもだと言えますが、危険なことほどやりたがったり、人に迷惑をかけたり、親としては心配が絶えないのも事実です。次のアドバイスで、少しラクになっていただきたいですね。

さて、この悩みを解決するポイントは、**叱る理由をきちんと説明すること**です。

例えば、子どもが危ないことをしているとき。この場合は高いところに登っているとしましょう。そんなときも焦る気持ちをこらえて、まず「◯づけ」で子どもの気持ちを認めてあげます。

「あら！　ダイちゃん、そんな高いところまで登ったの。すごいね！」

その上で、

「よく下を見てごらん。そこはとても高くて、下は固いコンクリート。足が滑って落ちたら、頭を打ってとっても痛いと思うよ。そんなことになったらママも悲しいよ」

と、想定される危険なことを教えてあげましょう。

「**危ないでしょ！**」だけでは、子どもは何がどう危ないのか分からないことが結構あるのです。

大切な話をしている最中に子どもが自分勝手に割り込んできたときはどうでしょう？　こんな風に対応してください。

親　「リカちゃん、今ママが何をしているか分かるよね？」
子ども「サキちゃんのママとお話ししてる……」
親　「そうね、そんなときはリカちゃんはどうするんだったかな？」
子ども「待ってる……」
親　「そうだよね」

どんなにうるさくても、ここで無視をしてはいけません。
子どもは親の愛情を確認したいあまり、わがままを増長させてしまいます。

大事なのは、話が終わったあとです。

「待ってくれてありがとう！　さっきのお話は何だったのかな？」

と、きちんと子どもに向き合うのを忘れないようにしましょう。

それだけで、子どもを大切に想っているというココロが伝わります。

言うことを聞いてくれないのは、子どもの性格の問題ではなく、お母さんお父さんの説明が不足しているからかもしれません。

それに、毎回きちんと説明していると、子どもも理由が分かってイライラしませんし、自分で判断して正しい行動をするようになります。

「〇づけ」のココロとコトバをしっかり活用してみてください。

お悩み2

「正しい叱り方が出来ているのか気になります」

今までたくさんのお母さんたちに「◯づけ」をレクチャーさせていただいた中で、もっとも多く聞かれた質問がこれです。

子どものコトバや考え、行動のすべてに◯をつけて受け入れるのが「◯づけ」です。

それは、子どもの感じ方・考え方を否定しないということであって、子どもがやることのすべてを許すという意味ではありません。

子どもを社会で通用する一人前の大人に育てるために、**間違ったことをしたらビシっと叱りましょう。**

特に、「**わがまま・いじわる・うそ・反抗**」の4つはいけません。

七田眞先生はこれを紙に書いて壁に貼り、やってはいけないこととして、お子さんたちに教育されていました。

子どもが「わがまま・いじわる・うそ・反抗」をしたら、毅然とした態度で叱りましょう。

ただ、頭ごなしに怒ってはダメです！

例え子どもが間違ったことをしていても、どんなときでも「◯づけ」です。

相づちを打ちながら、子どものコトバをオウム返ししてください。

そして、質問をしながら愛のある眼差しで子どものココロを見極めましょう。

わがままだと思ったことが、寂しさから拗ねているだけかもしれませんし、反抗に見えたことが、ただ単に遊びに夢中になっているだけかもしれません。

そして、叱るときは次の３つに注意しましょう。

❶人格を否定するようなコトバを使わない

どのような状況であれ、人格自体を否定するコトバは厳禁です。

子どもは親に人格否定されると、自分自身を否定するようになります。

叱られる原因になったこと、つまり子どもが実際にやったことを明確にして、どうすればいいかを肯定的なコトバで伝えましょう。

NG

いつも遅いんだから

↓

Good

決められた時間を守ろうね

❷感情的になって怒らない

子どもを叱る前には、出来るだけ冷静になりましょう。

感情的なまま怒ってしまうと、暴言や言い過ぎの原因になります。

暴言や言い過ぎは、子どもだけでなく、あなた自身も傷つけます。


感情的になったときほど「○づけ」が活躍してくれます。相づちやオウム返しをしながら、子どもを観察しているうちに、冷静になれるでしょう。

❸ズバッと端的に叱る。長引かせない

しつけは、何が良くて何が悪いか、子どもに分かってもらうのが一番の目的。お母さんのストレスを発散するための機会ではありません。

子どもでも分かるように、悪かったことを端的にズバッと叱りましょう。

そのあと子どもが改善したら、しっかりと褒めることを忘れないように！

お悩み3
「子どもの生活リズムが乱れて困っています」

子どもにとって、規則正しく生活することはとても大切なことです。子どもに規則正しい生活を送らせる方法はたった1つ、**お母さんお父さんが規則正しい生活をすることです。**

起床、朝食、昼食、昼寝、夕食、お風呂、就寝。これらの時間を決めて、毎日守りましょう。

また、起きたらすぐにラジオをつけるとか、朝食のあとに新聞を読むとか、昼寝の前に一杯の水を飲むとか、お風呂の後に歯磨きをするとか、一日の流れをパターン化して、出来る限り守るようにします。

パターン化すると、いつもと同じ一日が繰り返されていることを実感し、子どもに安心感が生まれます。また、次にすべきことが分かるので、先を予測して動く能力も育ちます。

そうは言っても、お仕事の都合もあるでしょうし、毎日規則正しい生活を送ることが難しい方もいらっしゃるでしょう。私が講師を務める子育て教室にも看護師のお母さんがいらっしゃいました。そのときのお話をしましょう。

お子さんは5歳の男の子。いつもお母さんのスカートをギュッと握りしめていました。お母さんが少しでも離れると、ギャーギャーと泣き叫びます。

それを見て、私はお母さんのお仕事の影響かなと思いました。看護師のお仕事は夜勤があったりして勤務時間がバラバラです。そのため、いつお母さんがいなくなるんじゃないかと、お子さんが情緒不安定になっているのではないかと思ったのです。

そこでお母さんに仕事に行くときは、必ずお子さんに声をかけて、お母さんの予定をしっかりと説明してあげて欲しいとお願いしました。

「今から仕事にいってくるね。6時には帰ってくるから。安心してね」

という感じです。

仕事以外も同様です。

「今から買い物にいくからね。スーパーに行って、3時に帰るよ」

「お風呂に入るからね」

「トイレに行ってくるよ」

帰ってきたら子どもに必ず「〇づけ」することもお願いしました。

「よく待っていてくれたね、ありがとう!」

この一言が大切です。

このときは3週間くらいで効果が現れました。お子さんの情緒が安定して、激しく泣きわめくことがなくなってきたのです。

お母さんお父さんの生活リズムを正すことが難しい場合は、子どもが少しでも安心出来るように、**分かりやすく、きちんと説明してあげましょう。**

また、子どもが寂しさと戦っていることを忘れずに、たくさん「〇づけ」してあげてくださいね。

お悩み
4

「反抗期の子どもにはどう対応したらいいですか？」

「◯づけ」は小さい子どもにしか使えないものではありません。

夫婦の間柄やビジネスシーンの人間関係さえもまるくしてくれます。

子どもが反抗期に突入したとしても同じように有効です。

やり方は一緒。反抗期の子どもはツンケンしていますが、タイミングを見てお子さんに話しかけます。

相づちを打って子どもからコトバを引き出したら、いつものようにオウム返し。そのコトバや、お子さんの行動、態度がどのようなものであっても、目の前の事実として受け止めましょう。どんなにあなたの考えと違っても、ここではひたすら聞くのみです。

そして、さらに話せる状態であれば、質問を交えながら会話を続けましょう。

会話の内容はゲームの話でも釣りの話でも、何でもいいですが、その子の趣味や特技など、好きなことについて話すのがオススメです。

子どものココロが柔らかくなってきたのを感じたら、お母さんお父さんご自身が反抗期だったときの話をしてみてください。

「お母さん（お父さん）は、あなたくらいのときは反抗期だったなぁ。訳もなくイライラして周りに当たったりしていたなぁ」

というように、上からでも下からでもない、いち個人の体験談として話し

ましょう。子どもは、
「お母さん（お父さん）も同じような気持ちになったんだ」
と親近感を持つでしょう。

お説教のようにネチネチと話したり、自慢話をしたりしてはいけませんよ。「共感」を得るのが子どものココロの扉を開けるカギです。

反抗期は、子どもから大人になるときに起きる正常な現象です。それまで絶対的な上下関係だった親との関係を見直しながら、子どもは自立・独立の準備をしているのです。

経験のある方はお分かりでしょうが、本人も得体の知れないものと戦っているようなもの。無性にイライラして反抗したくなります。

一方で、医学的に見れば反抗期を引き起こすのはホルモンバランスの変化なので、お母さんお父さんは子どものコトバや行動を真に受けすぎずに、「ある現象」として受け止めましょう。

思春期の子どもはコトバでは乱暴なことを言いながら、認めてほしい、分かってほしいと思っています。

いろいろなところに見え隠れする子どものココロをよく観察しましょう。

すぐに答えを求めようとしてはいけません。

大人へ向かって、日々成長している子どもを尊重しながら「○づけ」で接していけば、お子さんにも必ず通じます。

お悩み5

「"○づけ"の効果があまり出ないのですが……」

子どもの出来ないところばかりを見て、心配し過ぎたりガミガミ叱ったり……。そんな、「×づけ」とも言える子育てを長い間続けてくると、「○づけ」の効果がなかなか出ない場合があります。

短所ばかり指摘され続けていると、子ども自身が「自分はダメな人間なんだ」と思い込んでしまうことがあります。

それがある日、「すべて○」と言われても、にわかに信じがたいわけです。

すぐに適応する子どももいますが、混乱してしまう子どももいます。

お子さんによっては、親の声に敏感になりすぎていることもあります。今まで何度も怒られてきた経験から、親の声を聞いただけで、「イヤだ！」と無意識のうちにココロをシャットダウンしてしまうのです。

「聞きたくない」はそのうち「聞こえない」に変わっていき、聴力的な問題はないのに、本当に親の声が聞こえない状態になってしまうことも……。こうして、ココロがさらに傷つくことから自分を守っているのです。もちろんこれは、子どものせいではありませんよね？

「〇づけ」の効果がなかなか出ないと感じたら、まずは、**話しかける際の声のトーンから変えてみましょう。**

声のトーンを少し低めにして、ゆったりとしたペースで話します。

さらに、笑顔を絶やさずに子どもの顔をしっかり見て話しましょう。

このような非言語要素から、子どもは親の愛を感じ、
「自分は愛されているんだな」
「愛される価値がある人間なんだな」
と少しずつココロが前向きに変わっていくでしょう。

子どもはコトバをたくさん知りませんから、コミュニケーションをする上で、コトバよりも表情や声から親の愛情を感じ取っていることが多いものです。

これまで「×づけ」をし続けた分を取り返す気持ちで、まずはゼロポイントを目指しましょう。

お子さんは少しずつかもしれませんが、必ず変わっていきます。

またお母さんお父さんは、お子さんの変化を見逃さずに「○づけ」してい

きましょう。そうすれば、変わるスピードが早くなります。

同時にお母さんお父さんは、ご自身にも必ず「◯づけ」をしてください。くれぐれも結果を急いで、自分を責めたりしないでください。どんな小さなことでも、出来たことに「◯」をして、ハッピーな気持ちでいることが大切です。

子どもの成長を気長に見守りながら、揺るぎないココロで包み込んであげましょう。

そうすれば、お子さんのココロは安心し、次第に前向きになっていきます。

カウンセリングのエッセンスをちょっと拝借！

ココロがつながるプチトレ④

壁にぶつかったときは“リフレーミング”

リフレーミングとは、ある出来事の枠組み（フレーム）を変えることで、その出来事に対しての考え方や捉え方も変わるという意味です。少し分かりづらいので、いくつか例をあげてみましょう。

例えば、子どもが大きな声で楽しそうに笑っているとしましょう。

ここが緑いっぱいの大草原なら、お母さんお父さんも爽快な気持ちになって、一緒に大笑い出来そうです。

ここがエレベーターの中なら、周りの目が気になってしまい、「静かにして！」と叱ってしまいそう……。

例えば、水が半分ほど入っているコップがあったとしましょう。

これが、あなたが砂漠をさまよっているときに手にした水なら、「足りない……もっと欲しい」と思うでしょう。

薬を1錠飲もうと思っているときに手にした水なら、これだけの量があれば十分ですよね。

同じ一杯の水なのに
少ない…
多い…
意味も価値も違う…
不思議だニャー

このように、同じ出来事でも状況が違うと、捉え方が変わります。出来事の意味は一つではなく、たくさんあるのです。
そして、どのような捉え方をするかは人それぞれ。いいも悪いもありません。

このリフレーミングを自ら意識的に行えるようになると、壁にぶつかったときに役立ちます。

「どうしたらいいのか分からない！」
そんな気持ちになったときには、一度こだわりを捨ててみてください。
客観的にリフレーミングすれば、楽しい捉え方が見つかるはずです。

とはいっても、長年染み付いた自分の考え方。そうカンタンに変えられないものですよね。

ここでは、いくつかの例題を使ってリフレーミングのコツをつかんでいきましょう。

ちなみに、リフレーミングには、「状況のリフレーミング」と「内容のリフレーミング」の2種類があります。

状況のリフレーミング

● 考え方　状況を変えることによって、ある物事の価値を上げること
● 効　果　自分の持ち味や能力を生かすことが出来る

内容のリフレーミング

● 考え方　ある出来事の解釈を変えることによって、意味をプラスにすること
● 効　果　前向きになれる。考えを深めたり、広げたり出来る

これを意識して、前向きに生きるための発想力を磨きましょう！

例題　次の状況をリフレーミングしてみましょう

慎重すぎて決断が遅く、宿題が終わらない！	早さよりも冷静な状況判断が必要になる教科を勉強すればいい（状況のリフレーミング）
気が強く、友達に言いすぎてしまう	しっかりとした意見を持っているので、学級委員などになれば持っている能力を発揮することが出来る（状況のリフレーミング）
引っ越しで転校しなければいけなくなり、気が重い	イメチェンするいい機会！　興味があったけれど何となく気遅れして始められなかったサッカーにチャレンジしてみよう（内容のリフレーミング）
意思が弱くて、友達の言いなりになってしまう……	その場の状況に合わせた柔軟な対応が出来ている。人の意見を尊重出来る優しさがある（内容のリフレーミング）
いつもバタバタとしていて、落ち着かない子	いろんなことに気づく能力がある上に行動力もある優秀な子（内容のリフレーミング）

うちの子はひどく騒いだり、走り回ったりして大変！	↓	ありあまる体力をスポーツに注げば、大活躍するはず（状況のリフレーミング）
子どもをつい叱りすぎたり、非難したりしてしまう	↓	お子さんへの愛と期待の高さの表れ。理想はそのままに言い方だけ変えれば、愛情が伝わる（内容のリフレーミング）
子どもの人見知りが激しくて困る	↓	慎重なので、危険を回避する行動がとれるため、見知らぬ人についていく心配がない（内容のリフレーミング）
サッカーの部活中、単独プレーが多くて怒られる	↓	人よりも闘争心が優れている証拠。個人競技に転向すれば潜在能力を発揮する（状況のリフレーミング）
いろんな習い事を始めるが、どれも続かない	↓	好奇心旺盛でチャレンジ精神があることの裏返し。バイタリティー溢れる人生が送れる（内容のリフレーミング）

人は誰でも「考えグセ」のようなものをもっています。

順風満帆ならそれでいいですか、いつものやり方で上手くいかなくなったときには、このリフレーミングを思い出してください。


「自分の考えに捕らわれすぎていないかな？」

「もっと別の考え方もあるかもしれないな？」

そんな風にご自身をちょっとだけ客観的に見ることさえ出来れば、リフレーミングはカンタンに取り入れられます。


そして、考え方を変えることが出来れば、結果は自然と変わります。

ご自身の可能性を広げるチャンスだと思って、チャレンジしてみてください。

第5章

夢を叶える「○づけ目標設定」

子どもに夢がないのは誰のせい？

お母さんからよくこんな相談を受けます。

「子どもに、将来何になりたいのか聞いても、分からないと言うんですよ。夢がないんですよね」


確かに、夢がないのはちょっと寂しいことですよね。

そこで、お母さんご自身の夢を聞いてみます。すると「夢なんて、私は今さらないですよ……」というお答え。

その答えから、お子さんに夢がないことに妙に納得してしまうのでした……。


毎日、大変な「現実」と戦っている育児の時期。お母さんお父さんが夢を持ちにくいのも大いに理解出来ますが子どもは親の真似をして成長します。昔から言われるように「親の背中を見て育つ」のです。
子どもに夢を持って欲しいと思うなら、まずお母さんお父さんが夢を持ちましょう。

夢といっても、壮大なものである必要はありません。あれが出来たらいいな、あれが手に入ったらいいなというレベルで十分です。

いつかやりたいと思っていて忘れていたことはありませんか?行ってみたい国や住んでみたい場所はありませんか?

どうしても思いつかないのであれば、小さいときの夢を思い出してみましょう。好きな世界に夢中になっていたあの頃のワクワク、ドキドキする気

持ち を掘り起こすのです!
そして、そのワクワク、ドキドキする思いを子どもに語ってください。その思いは子どもに伝染し、自然と夢を持つようになります。

夢は「現実」を導く指針になる

夢は目的地でもあります。今、目の前にある現実をどういう方向に導いていくのかの指針です。

旅行に行くときに、どこへ向かって飛ぶのか分からない飛行機には乗らないですよね? 夢を持たずに生きて行くことは、ある意味それと同じで危険なことなのです。

夢という目的地を持つだけで、生き方がガラリと変わることはよくあります。例えば、大きな変化を遂げたあるお母さんの話をしましょう。

お母さん「最近、うつ気味で元気が出ません。どうしたらいいでしょうか？」

私「そうですか……。あっ、お母さん、話が変わりますが、夢は何ですか？」

お母さん「えっ、夢ですか？　夢はないですねぇ……」

私「夢はない……ですか……。小さい頃はどんな夢を持っていましたか？」

お母さん「子どもの頃は、ケーキ屋さんになりたかったですねぇ……」

私「おぉ！　どんなケーキ屋さんですか？」

お母さん「小さいけれど、美味しいケーキ屋さんですね」

私「小さくて美味しいケーキ屋さん、いいですねー。新しくお店をつくるんですか？」
お母さん「いいえ、うちを改造して一部をお店にしたいですね」
私「家を改造してお店に！　ショーケースがあってケーキが並んで……いいですねぇ。それで、お店の名前は？」
お母さん「お店の名前は、〝ママのケーキ屋さん〟にしましょうかね（笑）」
私「ママのケーキ屋さんですか！　このお店は、いつオープンするんですか？」
お母さん「そうだなぁ～、今年のクリスマスの前には……なんて（笑）」
夢について話すと、人は明るく前向きな気持ちになってきます。最初は暗い表情だったお母さんも、徐々に笑顔になってきました。
この話には後日談があります。

実はそのお母さん、その年のクリスマス前にケーキ屋さんまでは行きませんが、クッキー屋さんを始めたのです。

そして、何と翌年には話していた「ママのケーキ屋さん」をオープンさせました！

うつ気味だったお母さんが、バリバリ起業して夢を叶えるのですから、すさまじい変化と言えるでしょう。一体何があったのでしょうか？

夢を実現させる「◯づけ目標設定」

夢を実現するためには、いくつかのコツがあります。

カンタンに言うと、すべてを肯定しながら、未来を前向きに、かつ具体的に描いていくのですが、これらのコツや考え方をまとめて、私たちは「◯づけ目標設定」と呼んでいます。

この「○づけ目標設定」を身につけると、なりたい自分に近づいていくので、考え方がどんどん前向きになります。明るく、楽しい未来を描けるようになるため、努力も苦にならなくなっていきます。

「○づけ目標設定」をやってみよう！

ここからは、そんな「○づけ目標設定」を実際にやってみましょう！

注意事項に気をつけながら、1～6の質問に答えてみてください。

夢・目標をあまりにも大きくし過ぎると、達成までに長期間かかってしまい、挫折の原因になります。まずはあなたが少し頑張れば達成出来るような夢・目標を設定し、少しずつ大きくしていくのがオススメです。

質問 1

あなたが手に入れたい夢・目標は何ですか？

（例）２０１６年の10月24日までにパリに旅行して、セーヌ川のほとりを夫婦で散歩している。

※手に入れている状態をハッキリとイメージ出来るものにしましょう。
※より具体的にしましょう。
※期限を決めましょう。10年後、５年後は長すぎます。長期的な目標を立てるときは、まず1年後の目標を設定しましょう。
※肯定的な文章で表現しましょう。「タバコをやめる」などは否定形の表現なので適切ではありません。
※自分が主体的に行動して手に入れることが出来るモノ・コトにしましょう。「子どもが一流大学に合格しています」はＮＧです。

質問2

夢・目標を達成したときのことを想像してみましょう。

(例) セーヌ川を歩いていると、お土産屋のおじさんにフランス語で声をかけられます。「パリに来たんだな」と実感してドキドキします。

※1の目標を達成したときの状況をイメージしてみましょう。何が見えるか、何が聞こえるか、どんな感覚なのか、より具体的にイメージしましょう。

※現在進行形で表現しましょう。

質問
3

夢・目標を手に入れるために、使えるものは何ですか？

（例）（パリに旅行するために）英語が少し出来る、フランスに関する知識がある、地図を読むのがうまい、海外旅行の経験がないからこそ思い切り楽しむｅｔｃ。

※目標達成のために役に立つもの、あるいは必要なものを書き出しましょう。身体的なもの、心理的なもの、体験的なもの、人的なネットワーク、価値観など、何でも構いません。

※不得意なものも原動力となります。自分自身に「○づけ」して、出来るだけたくさん書き出しましょう。

質問
4

あなたが夢・目標を手に入れたとき、周りの反応はいかがですか？

（例）「パリに行けてよかったね」と言われ、パリでの体験談を楽しそうに聞いてくれる。

※周りの人も一緒に喜んでくれる夢・目標にしましょう。例えば「紛争地帯へ行く」など、周りの人が喜んでくれない夢・目標は避けましょう。

質問5

あなたにとって「どうして（何のため）」その夢・目標を手に入れる必要性があるのでしょうか？

（例）パリに行くことで、海外に行ったことがないコンプレックスを克服して自信をつける。

※「パリにいる幸福感を感じたいから」など、ある欲求を満たすことを夢・目標達成の必要性にしてもいいのですが、より肯定的なモチベーションの方が、夢・目標が実現するスピードが上がります。「欲求が満たされることであなたがどう変わるのか」という視点を入れて考えてみましょう。

質問
6

あなたは夢・目標を手に入れるために、今日から何をしますか？

（例）家に帰ったら旦那さんに話してみる。
（例）本屋に行ってパリの本を買う。

※実際に行動に移せるよう、必ず出来る小さな一歩にしてください。何をやるかよりも、夢・目標を決めたその日からやることが肝心です。

◯づけ子育ての現場から

―七田チャイルドアカデミー教務部より―

「◯づけ」子育てを最後まで読んでくださって、ありがとうございます。

私たち教務部は、全国の七田チャイルドアカデミーの教室で、講師と子どもたち（保護者の皆さま）を繋ぎ、七田教育の内容を伝達していく役割を担っています。

そんな教育の現場で、多くの親御さんが「◯づけ」で、お子さんとより良いコミュニケーションを取れるようになったのを見てきました。

また「◯づけ」は、私自身の体験としても生かされています。

ある日のレッスンでのこと。小学3年生のK君が、かなり怒った様子で教室に入ってきました。

K君　「○○君、大っ嫌い。殴ってやりたい」

私　「そうか、大っ嫌いなんだ。殴ってやりたいと思ったんだね」

K君　「本当に頭にきた。あいつなんていなくなってしまえばいい」

私　「へぇ。いなくなってしまえばいいって思ったんだね。何があってそう思ったの？」

K君　「漢字テストのとき、見てないのにカンニングしただろうって言われた。悲しくなって……」

私　「うんうん。悲しくなったんだね。カンニングしてないのに、しだったって言われて、悲しくなったんだね」

すると、K君はその場で大声で泣き出し始めました。

もし私がこのとき「○づけ」を知らずに、

「友だちと仲良くしなさい」

「人を殴りたいなんて言ったらダメ」

と頭ごなしに言っていたら、K君は、きっとココロの中で「先生は僕のことなんて分かってくれない……」と感じたことでしょう。

大泣きするほど強い、悲しみの感情を見せてくれなかったかもしれません。

(大声で泣いたK君は、その後ケロっとしてレッスンを受けて帰宅しました)


すべての親が、わが子の幸せな人生を願っています。


人生を楽しみ、社会を強くたくましく生き抜いて欲しいですよね。

そのためには、最近よく聞かれるワードでもある「自己肯定感」が必要不可欠です。そして、その自己肯定感が育つ前の土壌として大切なのが、ありのままの自分を受け入れる「自己受容」です。

ありのままの自分を受け入れるためには、親がありのままの子どもを受け入れて、認めることが肝心です。

そして、これを行っているのが、「認めてほめて愛して育てる」をモットーにする七田教育であり、本書「〇づけ」子育てなのです。

本書を読んでいただければお分かりだと思いますが、親子のコミュニケーションは「指示」「命令」「詰問」など一方的になりがちです。親側からすれば、良かれと思って言った一言が、子どもの選択肢を減らしている場合があります。

親子のコミュニケーションを一方的なものから双方向的なものに変えるた

めに。

また、子どもが自分のことを自分で決めるようになるために。

本書は、そのスイッチを具体的に記したノウハウです。

子どもは、絶えず成長し、ココロもカラダもどんどん変化していきます。

いつも同じ方法で上手くいくとは限りません。

いろいろな局面で、この「○づけ」子育てをツールとして活用してください。

子どもをそのまま受け入れる、認める、肯定的に接するということを継続し続ければ、親子の会話は確実に良質なコミュニケーションへと変化していきます。

わが子を最もサポート出来るのは親です。

子どもの可能性を信じ、子どもをいつも「そのままで◯」と見ることを忘れずに「◯づけ」子育てを実践していただければ、子どもだけではなく家族みんなが笑顔にあふれた幸せな人生を送ることが出来ると信じています。

「◯づけ」子育てを通して、すべての子どもたちにとって、家族が安心してありのままでいられる場所となること。そして、自分にとっての正解を自分で導くことが出来る力を身につけることが出来るように願っています。

田口 圭二 Keiji Taguchi

七田チャイルドアカデミー　〇づけ子育て専任アドバイザー
1989年に、幼児教育・右脳教育の第一人者である七田眞に出会い、その教育理論を実践し、広めるために教室を開講する。現在、熊本・福岡で4教室を主宰し、約500名の生徒を抱える。日本NLP総合研究所 代表取締役 一般社団法人日本マスタリーコミュニケーション協会 代表理事

〇づけ子育てセミナーのお問い合せ
TEL 092-483-1168　　http://www.maruzuke.com

親子のキズナを深めるココロとコトバ 〇づけ子育て

2015年11月5日　初版発行

著者　田口圭二
発行者　吉木稔朗
発行所　株式会社創芸社
〒150-0031　東京都渋谷区桜丘町2-9 第1カスヤビル5階
TEL 03-6416-5941
http://www.sohgei.com/
印刷・製本　株式会社エス・アイ・ピー

Printed in Japan ISBN978-4-88144-211-1